LES JÉSUITES.

ÉPITRE

À Monsieur le Président

SÉGUIER,

PAR

BARTHÉLEMY ET MÉRY,

AUTEURS DES SIDIENNES.

> Brouillons, c'est vous qui troublez toute l'Église.
> (Le pape Clément VIII aux Jésuites.)
> CONGREGATIONES DE AUXILIIS.

SECONDE ÉDITION.

PARIS,
TOUS LES MARCHANDS DE NOUVEAUTÉS.

1826.

LES
JÉSUITES.

IMPRIMERIE D'A. BÉRAUD,
RUE DU FOIN S. JACQUES, No 9.

LES JÉSUITES.

ÉPITRE

À Monsieur le Président

SÉGUIER,

PAR

MÉRY ET **BARTHÉLEMY**,
AUTEURS DES SIDIENNES.

> Brouillons, c'est vous qui troublez toute l'Église.
> (Le pape Clément VIII aux Jésuites.)
> CONGREGATIONES DE AUXILIIS.

SECONDE ÉDITION.

PARIS,
TOUS LES MARCHANDS DE NOUVEAUTÉS.
—
1826.

PRÉFACE.

Pour répondre d'avance aux calomnies des écrivains de mauvaise foi, nous protestons de notre respect sincère pour la religion divine de Jésus-Christ, telle que nous l'a faite l'Évangile, douce, charitable et tolérante. Nous nous sommes attachés, dans cette épître, à établir scrupuleusement une distinction entre le vénérable clergé Gallican, et la secte ultramontaine qui sape aujourd'hui les fondemens de nos libertés civiles et religieuses; nous savons que cette matière est toujours fort délicate à traiter; mais nous pensons aussi qu'il est du devoir de tout écrivain indépendant de rompre le silence, dans un moment où un Jésuite missionnaire a fait entendre ces étranges paroles : « Les » veilles des fêtes de Noël, une orgie épou- » vantable, et des impiétés telles que les » temps les plus orageux de la révolution » n'en ont point eu de semblables, ont eu » lieu dans un hôtel de cette ville..... Les » détails en font horreur, et ma bouche se » refuse à en faire le récit. Les impies ! ils » étaient sous l'obsession du démon ! Qu'eux » et leurs enfans soient à jamais maudits de » Dieu » ! (*)

(*) Voyez le *Constitutionnel*, du 18 janvier.

LES
JÉSUITES.

Oui, par un double arrêt, ta justice éclatante,
D'une secte haineuse a renversé l'attente,
Et les moteurs publics de l'occulte pouvoir
Ont par des cris aigus trahi leur désespoir.
Le jour où retentit la sentence fatale,
On dit que, rassemblés dans une vaste salle,
Les vieux représentans du corps ultramontain
Marquèrent d'un trait noir ce triste bulletin;

L'*Étoile*, transformée en sinistre comète,
De la sainte colline illumina le faîte ;
Montrouge se couvrit d'un lugubre linceul,
Et le deuil, en long crêpe, obscurcit Saint-Acheul :
En tableaux déchirants cet arrêt leur retrace
De leurs affronts passés l'immortelle disgrâce ;
Ils tremblent de revoir ce honteux monument [1]
Qu'en face du palais bâtit le Parlement,
Et maudissent encor la funeste journée,
Où Servin les montrait à la France étonnée, [2]
Lorsque, d'un régicide élevant le couteau,
Il vouait ses patrons à l'ignoble poteau.

Tu ne l'ignores pas, dans leur secret office,
Ils proscrivent le juge accusé de justice,
Et sur l'index romain dénoncent sans remords
La vertu des vivans et la gloire des morts.

Toutefois, rendons grâce à la loi salutaire
Qui, dérobant Thémis au joug du ministère,

Permet au magistrat d'obéir au devoir,
Affranchi du caprice et des coups du pouvoir;
Sans ce ferme soutien, peut-être, une ordonnance
A ta loyale main eût ravi la balance;
Et le noir capuchon, qui se montre en tout lieu,
Eût passé du Parquet au siége du milieu.

LES JÉSUITES A PARIS.

Ainsi, dans tout l'État, une assemblée auguste,
Aux modernes ligueurs oppose un bras robuste;
Hors de là, tout subit un joug avilissant,
Et les nouveaux sujets d'un Suzerain puissant,
Pareils à ces troupeaux que le boucher réclame,
Offrent leur dos servile au sceau du *Monogramme*.
Un mot mystérieux, chaque jour, les instruit
De l'antre désigné pour le club de la nuit :
Sous le cintre abaissé de ces voussures sombres,
Où des héros proscrits dormaient les grandes ombres,
A l'horloge du mont quand minuit a sonné,

On nous dit, qu'aux lueurs d'un cierge profané,
Les vicaires de Rome assemblent leurs Séides ;
Le caveau retentit de vœux liberticides ;
Un vieillard inspiré, fantôme de Châtel,
Souille de ses genoux les marches d'un autel,
Il lit de leurs statuts la formule secrète,
Et l'auditoire impie en hurlant la répète ;
Tel on nous peint l'enfer, quand la trompe d'airain
Appelle les démons au brûlant Sanhédrin.

Mais, de tous les pouvoirs bientôt dépositaire,
Rome, enfin, sortira des ombres du mystère ;
Elle a promis le monde à ses fils conquérants :
Déjà leur secte impure envahit tous les rangs,
On dit qu'on a vu, même, oubliant leur audace,
Des vétérans passer sous les fourches d'Ignace.
De la liste civile intendans absolus,
Les royales faveurs sont pour leurs seuls élus ;
Des plus nobles emplois le nouveau titulaire
Reçoit le ruban rouge après le scapulaire ;

Descendus de la cour dans les rangs les plus bas,
On les voit dans la fange embaucher des soldats,
Et du père F...... la séquelle infernale,
La patenôtre en main, professe la morale.
Bien plus : le porte-feuille assouvit leurs désirs;
Dans le conseil suprême ils ont leurs triumvirs,
L'esprit des Médicis échauffe leur poitrine;
Au palais Luxembourg, les fils de la doctrine
En chars armoiriés se pressent chaque jour;
Au palais, où le peuple a sa modeste cour,
Du côté patriote on usurpe la place,
L'intrigue, chaque année, en rétrécit l'espace,
Et bientôt, par l'effet d'un miracle nouveau,
Sur le siége de Foy nous verrons Delavau:
Là, pour sept ans entiers, dès qu'on a pris séance,
Comme chez Pithagore, on se voue au silence;
Les Jésuites en frac, humblement prosternés,
Vers le banc du ministre ont leurs regards tournés;
Par des signes muets, ils accueillent sans honte
Les dix cent millions encaissés pour leur compte;

Et, quand le chancelier, d'un saint zèle échauffé,
Convoqua ces béats pour un *auto-da-fé*,
Dans l'urne du scrutin leur boule mercenaire
A voté de Dracon le code sanguinaire.

Voilà par quels excès, ces hardis novateurs
Méritent, chaque jour, nos cris accusateurs.

Avec moins de raison, dans nos vieux monastères,
On fronda la mollesse en vêtemens austères,
Et des traits du sarcasme on poursuivit long-temps
Du cloître paresseux les muets habitans :
Plutôt que de souffrir ces odieux Jésuites,
Qu'on aimerait mieux voir, de nos jours, reconstruites
L'opulente Chartreuse et l'Abbaye-aux-Bois,
Où de pieux reclus, étrangers à nos lois,
Bornant leur horizon à l'enceinte claustrale,
Pour élire un prieur réservaient leur cabale !
Oui, plus facilement on aurait supporté
Du joyeux Théatin la molle oisiveté ;

Le savant Janséniste, enfant de l'oratoire;
Ces pères de Saint-Maur au vaste réfectoire;
Ces Chartreux indolens, ces gras Bénédictins,
Et ces galans Abbés, sybarites mondains,
Qui, dotés par la cour de riches bénéfices,
Faisaient, par leurs valets, réciter leurs offices.
Aujourd'hui même encore on verrait, sans courroux,
Les fils de Loyola se glisser parmi nous,
Si, des ordres détruits pacifiques émules,
Comme eux, ils n'affichaient que de sots ridicules;
Ces travers n'offrent pas un dangereux effet,
Ils amusent par fois. Eh! qu'importe en effet
Que l'évêque d'Hermès, donnant trève à sa gloire,
Chasse sur un tapis une boule d'ivoire;
Que l'abbé Trébuquet, sur son lit innocent, [4]
Aspire, chaque jour, un bain rafraîchissant;
Que Corbière aux bouquins voue un culte idolâtre;
Que Sosthènes d'hysope asperge le théâtre;
Que dévôt spadassin, notre garde-des-Sceaux [5]
Appende à ses lambris des fleurets en faisceaux!

De ces légers délits on les absout sans peine;
Mais, les chefs turbulents de la secte romaine,
Janissaires du Pape, ont établi leur camp
Devant le Carrousel promis au Vatican;
Et, de l'ambition savourant les délices,
Ainsi que les honneurs, ils cumulent les vices.

Le peuple les connaît : que dans ses numéros,
L'*Étoile*, chaque soir, couronne ses héros;
Que d'Ekstein et Bonald, apôtres de l'école,
Sur le front de leurs saints placent une auréole;
Qu'ils vantent leurs bienfaits, qu'ils prônent leurs vertus!...
La Grèce voit ses fils sous la croix abattus;
Aux plaines de Salins, sous des cendres brûlantes,
Expirent, sans abri, des familles tremblantes.
La France a retenti d'un appel, et soudain,
Le denier de la veuve et l'or du publicain
Sont tombés, confondus, dans l'urne de l'offrande.
Parmi les membres saints de notre Propagande,
Quel moine citoyen, quel Jésuite connu

A couvert d'un manteau son frère demi-nu?
Dans l'opulent Saint-Roch, quel bon missionnaire
A quêté pour les Grecs en sortant de sa chaire?
Ils parlent de vertus!! eh! quel long cri d'effroi
La France pousserait aux genoux de son Roi,
Si, bravant les verroux, un courageux poëte
Déchirait, d'une main noblement indiscrète,
Ce pompeux voile d'or, qui, dans notre cité,
Des criminels heureux couvre la nudité;
Si, de la voix du peuple interprète cynique,
Sur un papier vengeur il gravait leur chronique;
Si, de nos fiers Séjan troublant la longue paix,
Et livrant au soleil la nuit de leurs palais,
D'un inflexible bras, il traînait à sa barre
La luxure en Ephod, et l'inceste en Simarre!!!

MONTROUGE ET SAINT-ACHEUL.

Aux portes de Paris, dans un champ désolé,
S'élève un monument de grands arbres voilé;

D'un génie inconnu la main réparatrice
De décombres épars maçonna l'édifice;
Merveilleux Oasis, où le prêtre romain
S'arrête, pour charmer les ennuis du chemin;
C'est MONTROUGE! c'est-là que la cité papale
Fit, par ses lieutenans, fonder sa succursale!
C'est-là, que de Fortis les abbés recruteurs, [6]
De jeunes Chérubins fougueux instituteurs,
Du zèle qui dévore armant les plus timides,
Au *vieux de la Montagne* élèvent des Seïdes !

D'autres mains ont déjà formé ces nourrissons;
SAINT-ACHEUL leur donna les premières leçons;
C'est dans ce vieux castel, arrosé par la Somme,
Où règne Loriquet par la grâce de Rome, [7]
Que, mutins écoliers, ils ont pleuré, sept ans,
Sous l'immodeste fouet de leurs chastes pédans :
Là, des siècles éteints tout rappelle l'image,
Le triple syllogisme y corrompt le langage;
De la théologie interprètes jurés,

Leurs régents ergoteurs, Vadius tonsurés,
S'enferment en champ-clos et consomment des heures
A pointer un dilemme et nier des majeures;
La science profane y tient son rang aussi :
On s'y croit aux beaux jours du père Jouvency, [8]
Alors que, professant dans des chaires gothiques,
De vieux Faunes en robe épuraient les classiques,
Et, rigides frondeurs des amours de Didon,
Expliquaient chastement le *pastor Corydon*.

Heureux l'adolescent qu'a nourri ce collége!
C'est peu que sur les bancs Loriquet le protège;
Si le monde sourit au jeune ultramontain,
Les frères séculiers assurent son destin;
Rainneville l'impose aux bureaux de Villèle; [9]
Il a, chez Fraissinous, l'abbé de la Chapelle; [10]
De Luynes, vice-roi de l'Université, [11]
D'un lucratif emploi dote sa piété,
Et le grand justicier, Pilate du prétoire,
Lance le protégé dans le réquisitoire.

Ainsi, dans le harem par la honte ennoblis,
Des jeunes icoglans montent aux Pachalis.

LES MISSIONS EN PROVINCE. [12]

Heureux, si de ce corps l'ambition fatale
Étreignait seulement la vaste capitale!

Mais c'est peu que Paris, par Ignace occupé
Sous son épaisse robe étouffe enveloppé,
Et rende un culte impie aux bâtards de l'église;
Bien mieux, encor, par eux, la province est conquise,
Et dès que sur un point éclate le danger,
En poste, nuit et jour, on les voit voyager;
De fougueux visiteurs parcourent, dans leurs chaises,
La France d'aujourd'hui parquée en diocèses :
Leur souffle apostolique échauffe les esprits,
Et quand, devers le nord, un courageux mépris
De la religion siffle les faux prophètes,
Ils vont, dans le Midi réparer leurs défaites.

Dirons-nous tous les lieux que ces hardis soudards
Ont déjà ralliés à leurs saints étendards?
Grenoble, des Humbert antique résidence;
Le froid Montélimart, la déserte Valence;
Orange énorgueilli de ses débris romains;
Vienne où mourut Pilate en se lavant les mains; [13]
Toulouse, vieux berceau de Villèle et d'Isaure;
Montpellier où fleurit le culte d'Epidaure,
Nismes, cher à Calvin, Bagnère aux tièdes eaux;
Narbonne dont le miel parfume les côteaux;
Lodève, Albi, Rhodès illustré par un crime;
Bordeaux où Peyronnet sanctifia l'escrime; [14]
Aix peuplé de maisons; Marseille aux rocs pelés,
Et le saint Avignon aux remparts crénelés;
Cette ville papale, au Vatican si chère,
Étale, avec orgueil, son fastueux calvaire:
C'est-là que de Beaussan les dévots ateliers [15]
Fabriquent, à grands frais, ces modernes béliers,
Ces croix qui lourdement, aux fardiers confiées,
Menacent les cités déjà purifiées,

*

Et, pareilles en masse au cheval d'Ilion,
Font tomber les remparts, à la voix de Guyon.

Dès qu'une bonne ville, accueillant l'ambassade,
Déclare hautement s'armer pour la croisade,
Les deux partis rivaux échangent leur traité :
Au général Jésuite on livre la cité ;
Les roitelets urbains, abdiquant leur puissance,
Lui font, à deux genoux, serment d'obéissance ;
Il entre, sur les tours fait flotter ses drapeaux,
Il attelle à son char ces fiers Municipaux,
Met à l'ordre du jour sa sainte politique,
Et le gouvernement devient théocratique.

Ils laissent aujourd'hui l'adorateur du Tien
Mourir à Macao, privé du sceau chrétien ;
Ils ne vont plus ravir, sur de brûlantes plages,
Aux griffes du démon des peuplades sauvages,
Et poursuivre, en brisant Pagode et Manitou,
Le Sachem Muscogulge et le Fakir Indou.
La France leur suffit ; c'est là leur nouveau monde,

Son soleil est si beau, sa clarté si féconde!
Pour ces prêcheurs errants c'est la terre du miel,
Aux élus de Juda promise par le ciel.
Ah! qu'ils sont beaux d'orgueil et que leur joie est sainte!
Quand d'une cathédrale ils arpentent l'enceinte,
Et le tarif en main, par des calculs pieux,
Comptent les pénitents qu'ils vont gagner aux cieux;
Tandis que le curé, vrai pasteur de l'église,
Abandonnant l'autel et sa chaire conquise,
Pleurant ses auditeurs, vers d'autres accourus,
Va demander à Dieu le départ des intrus!

Cependant, les intrus que la Superbe enflamme,
Du spectacle prochain arrêtent le programme;
Ils divisent, par jour, l'alégresse et les pleurs,
Ils préparent la croix, les guirlandes de fleurs,
La crécelle de deuil et la cloche de fête;
Dans la troupe sacrée on choisit le poëte,
Chargé de travestir des cantiques de paix
Sur l'air républicain de l'hymne marseillais;

Ainsi tout est prévu, tout est réglé d'avance,
Puis le rideau se lève et la pièce commence.

La nuit règne : le temple en longs voiles de deuil,
Offre au peuple l'aspect d'un immense cercueil;
Les cierges sont éteints, un pâle luminaire
Prête ses derniers feux aux bancs du sanctuaire;
Grouppés sur le parvis, des gendarmes pieux
Montrent aux mécréants leurs uniformes bleus;
Et sous l'arc des piliers, de hautes sentinelles
Surgissent en shakos dans les rangs des fidèles.
Tout frémit : l'orateur peint la triste cité,
Où l'infernal écho répète ÉTERNITÉ;
Il montre l'Océan de soufre et de bitume,
Qu'une invisible main incessamment allume;
Et le Juge éternel, sur un nuage assis,
La foudre en main, frappant les pécheurs endurcis,
Tout-à-coup un éclair luit sous la galerie,
Sous les vitraux brisés tonne l'artillerie,
Et la foule, poussant un cri réprobateur,

S'évanouit en masse aux pieds de l'orateur.
Est-ce ainsi, que le Christ, volontaire victime,
Révélait aux Gentils sa morale sublime,
Lorsqu'envoyé céleste, il venait dans Sion
Accomplir sur la croix sa sainte mission?

Peuple, console-toi, renais à l'espérance :
Il arrive le jour de la réjouissance;
A la tour du clocher, dès l'aube, un triple airain
Du bon roi Dagobert chante le vieux refrain [16];
L'église a revêtu sa robe solennelle,
Le tabernacle saint de flambeaux étincelle;
De soyeux étendards, trésor des marguilliers,
Se déroulent, grouppés aux anneaux des piliers;
Avec art suspendue aux franges d'amarante,
Brille le long des nefs la bougie odorante;
Cent lévites, le front rayonnant de bonheur,
Garnissent les fauteuils et les stalles du chœur;
Debout, devant l'autel, l'ardent Thuriféraire
D'une vapeur d'encens couvre le sanctuaire,

Et, sous le voile blanc, les épouses de Dieu,
D'un concert virginal ravissent le saint lieu....
Ces lampes, ces parfums, ces bannières mystiques,
Ces abbés, revêtus de riches dalmatiques,
Ces angéliques voix, ces nuages d'encens:
Tout éblouit les yeux, tout énivre les sens;
Le Jésuite triomphe, et le peuple idolâtre
Applaudit dans l'église aux pompes du théâtre [17].

Cependant, abîmée en un long repentir,
La cité pécheresse abjure tout plaisir:
Dans les cercles mondains on commente l'*Etoile;*
La larme à l'œil, Thalie a fait tomber sa toile,
Son temple est proclamé le palais du démon,
Au lieu d'un vaudeville on annonce un sermon;
Les chefs ambitieux de la sainte milice
Usurpent hardiment l'hôtel de la police,
Et, sur l'angle des murs, leurs suppôts effrontés
Collent des mandemens en guise d'arrêtés.

En vain la probité, justement révérée,
Du plus chétif emploi sollicite l'entrée,
Elle ne peut offrir qu'un placet sans vertu,
Si de leur apostille il n'est pas revêtu ;
Malheureux ! arme-toi de leur croix triomphale,
De ta conversion promène le scandale ;
Immole ta croyance aux *pères de la Foi*,
Songe qu'il n'est, sans eux, de faveur, ni d'emploi ;
Le bureau du ministre est dans leur sacristie,
Une main criminelle a préparé l'hostie,
Choisis, et harcelé par un double tourment,
Pour éviter la faim, subis le sacrement[48].

O vous, qui de leurs pieds essuyez la poussière,
Jésuites en écharpe habillés par Corbière,
Gloire vous soit rendue, honnêtes magistrats !
Des colléges royaux dédaignant le fatras,
Vous jugez sainement, dans votre conscience,
Qu'un frère ignorantin est un puits de science,
Et, tandis que Lancastre, exilé par Guyon,

Honni chez les Français, rentré dans Albion,
Sages conservateurs des pieuses antiennes,
Vous dotez noblement les écoles chrétiennes.
Contemplez ces bons clercs qui, d'un pas mesuré,
Le bréviaire en main, le regard inspiré,
Guident de cent bambins la file régulière ;
Ceux-ci croisant les bras et baissant la paupière,
Le visage encor chaud du saint baiser de paix,
De leur joyeuse humeur captivent les accès,
Et répètent tout bas, sous peine de semonce,
Le code ultramontain par demande et réponse :
Fuis, comme des lépreux, les *excommuniés* [19]
» Et ceux que pour ses fils l'église a reniés;
» Grave dans ton esprit l'importante maxime
» De payer *justement* le tribut de la dîme,
» Surtout, observe bien, en tout temps, en tout lieu,
» La coutume romaine avant la loi de Dieu.»

RÉCIT.

O quel hardi prophète eût pu nous faire accroire
Qu'Ignace reverrait les beaux jours de sa gloire,

Et que ses vieux enfans, diffamés et proscrits,
Sortiraient, radieux, de leurs propres débris?
C'était peu qu'exilés de ces riches contrées,
Où le Gange fécond roule ses eaux sacrées,
Ils eussent, renonçant à des projets lointains,
Au sol de l'ancien monde attaché leurs destins;
Dans l'Europe indignée un long cri d'anathême
Poursuivait leur présence et jusqu'à leur nom même,
Car, de tous les pays que soumit leur orgueil,
L'histoire leur devait une page de deuil.
Le seul état de Rome, au pardon si facile,
Vendait aux assassins l'antique *droit d'asile* ;
Et, lorsque la fortune, une seconde fois,
Livra le Capitole aux fils des vieux Gaulois ;
Quand, rejetant le froc, la superbe Italie
Releva sous nos lois sa tête enorgueillie,
Le monde, saluant un avenir de paix,
Crut voir le nom Jésuite aboli pour jamais:
Au sein de ses états conquis par la victoire,
Loyola se soumit aux lois du Directoire;

Comme Israël chassé de la cité de Dieu,
A la terre classique il fallut dire adieu ;
Et le vieux Général, pris dans Rome alarmée,
Suivit, le front baissé, son impuissante armée.

Où fonder une école ? où chercher un abri ?
Dans ses mille couvents, l'Espagnol attendri
Recueillit avec soin leurs bandes fugitives ;
D'autres, de la Sardaigne atteignirent les rives
Où le bon roi de Chypre, évincé de ses biens,
Pleura sur leurs malheurs, sans oublier les siens.

Qui l'eût dit ! alors même, ils espéraient encore ;
Du soleil de Justice ils épiaient l'aurore,
Protestaient de leurs droits, et, nobles potentats,
Gouvernaient sans sujets et régnaient sans états.

Enfin, l'heure sonna pour les tribus romaines ;
Après les temps écrits des septante semaines,
Sion rouvre ses murs à ses fils exilés ;

Alors, réunissant ses tronçons mutilés,
De ses longs bras muqueux, le polype d'Ignace
A l'arbre de la croix colle son corps vivace,
Et, de l'humble racine au sommet des rameaux,
Déroule, inaperçu, ses mobiles anneaux.

La voilà donc enfin l'antique confrérie,
Usurpant une terre où nos lois l'ont flétrie !
Mais qu'elle connaît bien la haine qui la suit !
Son nom est un mystère, elle cherche la nuit ;
Fidèles à l'esprit des anciens Cordicoles [20],
On les a vus, d'abord, au fond de nos écoles,
En *pères de la Foi* prudemment déguisés,
Discipliner par goût nos fils catéchisés :
Aujourd'hui même encor, ils dérobent leur nombre,
S'agitent en silence et grandissent dans l'ombre ;
Humbles, les yeux au ciel constamment attachés,
De la pompe mondaine ils semblent peu touchés ;
Et pourtant, chaque jour, leur active industrie
Recrute parmi nous une armée aguerrie,

Qui, recevant ses lois du quartier-général,
Pour paraître au grand jour n'attend plus qu'un signal.

Sitôt que réunis à l'hôtel des Saints-Pères,
Les hôtes passagers de nos sept ministères
Auront, dans leur conseil, aux flammes condamné
Le mémorable édit d'un prince assassiné [24];
Soudain apparaîtra la noire Propagande;
De laïques obscurs elle a grossi sa bande;
Jésuites radieux, ils proclament leur nom,
Partout du Vatican flotte le Gonfanon;
Ils réduisent la France en province romaine,
Et maîtres absolus de ce riche domaine,
Font briser, sous leurs yeux, par le bras séculier,
Les tables de la loi, sur le grand escalier.
Heureux si, pour signal d'une fête publique,
Ils ne sonnent un jour ce beffroi catholique
Aux tours de saint-Germain, muet depuis le temps
Où le bon Charles-Neuf chassait aux protestans!

Et qu'on ne dise pas qu'à la foule crédule
Notre voix prophétise un danger ridicule,
Que le peuple en repos dorme encore aujourd'hui :
Le sanglant avenir, invisible pour lui,
N'est encor révélé qu'aux regards des prophètes.

Le pilote, cinglant vers le cap des tempêtes[22],
A souvent aperçu, dans l'ardente saison,
Un point noir sur l'azur de l'immense horizon ;
Son doigt levé signale au muet équipage
Ce triste avant-coureur des vents et de l'orage ;
Il prédit, sans pâlir, aux matelots tremblans,
Que ce point aggrandi vomira de ses flancs
Des nuages cuivrés, suspendus en coupole,
Des monts du cap Terrible aux glacières du Pôle.
Tranquille sur le pont, le passager joyeux,
Souriant à l'azur qui colore les cieux,
Rend grâce à la fortune, et du pilote sage,
Par un doute insensé, rejette le présage :
Il s'endort ; mais bientôt, il voit, à son réveil,

De l'ouragan prédit le lugubre appareil,

Et le vaisseau, jouet de la vague qui gronde,

Chassé sur des rescifs aux limites du monde.

ÉPILOGUE.

Ainsi, le vœu du peuple en nos vers est transmis;

Quand son doigt délateur montre ses ennemis,

Il leur crie anathème! et ce vœu qu'il exprime

Aux oreilles des rois se révèle sublime.

Vers le champ du repos, quand un convoi fatal

Naguère conduisait un cercueil triomphal,

Quel spectacle! on eut dit les citoyens de Rome,

Portant au Panthéon les cendres d'un grand homme!

Car le peuple disait : Gloire éternelle à Foy!

C'est lui qui foudroya cette sanglante loi
Qui place l'échafaud devant le sanctuaire;
Gloire au grand citoyen! terre, sois-lui légère!
C'est lui qui, défenseur du dogme gallican,
Voulut ravir la France au joug du Vatican;
C'est lui qui, le premier, nous montra les Jésuites
Entrant, avec leurs croix, dans nos villes séduites.
Que de fois, du génie organe courageux,
Sa consolante voix, au sénat orageux,
Rallumant dans nos cœurs une espérance éteinte,
Nous fit croire au retour de la liberté sainte!

C'est ce peuple si fier, si jaloux de ses droits,
Qui fléchit humblement sous le sceptre des lois,
Qui rend aux citoyens pères de la patrie,
Le jour de leurs trépas, un culte de lâtrie;
C'est lui, que des jongleurs, pontifes de Baal,
Ont juré d'avilir sous leur sceptre infernal;
Mais la JUSTICE veille au palais de Lutèce;

Elle sait distinguer, dans sa haute sagesse,
Cette religion, douce fille du ciel,
Qui nourrit ses enfans dans sa coupe de miel,
De cet esprit d'erreur, d'imposture et de rage,
Qui de l'homme et des temps veut arrêter l'ouvrage,
Et rêvant un état par nos mœurs repoussé,
Rebâtit le présent des débris du passé.

Honneur aux magistrats dont les vertus civiques
Conservent le dépôt des libertés publiques ;
Qui, placés par leur rang, sous les yeux du pouvoir,
Ne transigent jamais avec leur saint devoir !
Leur zèle indépendant quelquefois peut déplaire ;
Mais le peuple bénit leur nom héréditaire ;
Ils vivent entourés d'honneurs et de respect,
Le pieux citoyen s'incline à leur aspect ;
Et si, dans les travaux de leur noble carrière,
Le trépas les atteint ; alors la France entière
Se lève ; elle paraît dans le vallon des pleurs,

Jette sur leurs tombeaux des couronnes de fleurs,
Se recueille; et serrant, les yeux de pleurs humides,
Dans ses bras maternels, des orphelins timides,
Elle dit : Paix et gloire à ces grands citoyens,
Ils ont vécu pour moi, leurs enfans sont les miens !

FIN DE L'ÉPÎTRE.

NOTES.

1 Ils tremblent de revoir ce honteux monument
Qu'en face du palais bâtit le parlement.

Par arrêt du 19 décembre 1594, le parlement ordonna que sur l'emplacement de la maison démolie de Jean Châtel, il serait élevé une pyramide qui attesterait les crimes, la punition et la haine des Français pour les principes abominables des Jésuites; la maison de Châtel était située entre le palais de Justice et de l'église des Barnabites, aujourd'hui dépôt-général de comptabilité; elle occupait une partie de la place demi-circulaire qui est au-devant de la façade de ce palais. Ce monument fut bientôt détruit; le père Cotton sollicita la démolition de la pyramide; Henry IV y consentit, le parlement s'y refusa; alors le roi, usant de son autorité suprême, ordonna que cette démolition s'exécutât pendant la nuit, dans la crainte qu'elle n'excitât un mouvement parmi le peuple; mais le père Cotton demanda et obtint que ce monument fût démoli en plein jour, disant qu'Henri IV n'était pas un roi de ténèbres.

(Dulaure.)

2 Où Servin les montrait à la France étonnée.

Après l'attentat régicide de Ravaillac, Louis Servin, avocat du Roi, demanda que les livres de Bellarmin, Suarèz, Sautarelle, etc., fussent brûlés à la porte de la maison des Jésuites.

(Dulaure.)

3 Offrent leur dos servile au sceau du *Monogramme*.

Tous les livres de la société de Jésus étaient jadis scellés du fameux monogramme, composé des trois lettres J. H. S., surmontées d'une croix : *Jesus hominum salvator*. Aujourd'hui, les livres publiés par les chefs des maisons professes, et entre autres, par l'infatigable M. Loriquet, supérieur de Saint-Acheul, portent sur le frontispice les quatre lettres A. M. D. G***. *Ad majorem Dei gloriam*, ancienne devise jésuitique.

4 Que l'abbé Trébuquet.. . . . .

M. l'abbé Trébuquet est secrétaire particulier de M. d'Hermopolis. M. Trébuquet est connu par les remèdes émolliens qu'il s'administre régulièrement chaque matin.

5 Que dévôt spadassin, notre Garde-des-Sceaux.

« M. de Peyronnet était petit-maître par amour-propre,
» ce qui lui faisait annuellement dépasser le budget de ses
» recettes; hautain par caractère, ce qui lui attirait souvent
» de mauvaises affaires, et brave par ostentation, ce qui le
» plaçait sur la ligne des Duclos, des Sterling, des Lercaro
» qui étaient, alors, ce qu'on appelait les *crânes* de bonne
» compagnie, de la ville de Bordeaux . . . .;
» M. Peyronnet n'était connu dans son pays que par ses duels
» fréquens et ses dépenses.

(Biographie des ministres.)
Article Peyronnet.

6 C'est là que, de Fortis les abbés recruteurs.

M. de Fortis est aujourd'hui le général des Jesuites; il fait sa résidence ordinaire à Rome: c'est de là qu'il impose ses lois *Urbi et orbi*.

7 Où règne Loriquet par la grâce de Rome.

M. Loriquet est le supérieur de la maison de Saint-Acheul; c'est un jeune homme d'un esprit facétieux et mondain, qui dirige son département avec une grande habileté; son lieutetenant est M. Barrelle, jeune abbé provençal, qui a fait de fort mauvaises études dans le petit séminaire de Marseille, régenté par M. Rippert. Saint-Acheul est situé à un quart de lieue d'Amiens; cette maison compte aujourd'hui mille élèves.

8 . . . . Jouvency.

Le père Jouvency composait des ouvrages classiques, et des apologies sur le meurtre des rois.

9 Rainneville l'impose aux bureaux de Villèle.

Alphonse de Rainneville, maître des requêtes au conseil-d'Etat, attaché au comité des finances, chargé en cette qualité de la suite des travaux dont le ministre se réserve la direction immédiate, a été élevé à Saint-Acheul.

(10) Il a chez Fraissinous l'abbé de la Chapelle.

M. de la Chapelle, chef du conseil hebdomadaire de l'Université.

11 De Luynes, vice-roi de l'Université.

M. de Luynes, auquel M. de Fraissinous accorde une confiance illimitée, est inspecteur-général de l'Université.

12 LES MISSIONS EN PROVINCE.

Des personnes d'une piété scrupuleuse prétendaient, il y a quelques années, que les missionnaires n'étaient pas Jésuites;

le problême est aujourd'hui résolu ; si les missionnaires n'étaient pas Jésuites, ils ne maudiraient pas du haut de leurs chaires les pères et les enfans, ils n'auraient pas été si souvent arrêtés sur le seuil des temples par des curés évangéliques et courageux ; enfin si les missionnaires n'étaient pas Jésuites, demain ils seraient anéantis sur toute la surface du royaume.

13 Vienne où mourut Pilate en se lavant les mains.

La tradition populaire veut que Pilate mourut à Vienne en Dauphiné, en se lavant les mains. Les Viennois montrent son tombeau aux étrangers.

14 Bordeaux où Peyronnet sanctifia l'escrime.

(Voyez la note 5.)

15 C'est là que de Beaussan les dévôts ateliers.

M. Beaussan est un charpentier sculpteur, qui fabrique à Avignon des croix de mission pour toutes les villes du Midi.

16 Du bon roi Dagobert chante le vieux refrain.

C'est l'air de fête qui se prête le plus facilement à la monotonie des carillons.

17 Applaudit, dans l'église, aux pompes du théâtre.

Ici notre intention n'a pas été de censurer les pompes de l'église, ni ses majestueuses cérémonies qui rendent le culte romain si imposant ; nous voyons avec douleur que des prêcheurs ambulans s'impatronisent dans les temples, en bâillonnent les pasteurs, et intervertissent de leur propre autorité l'ordre des fêtes, tel qu'il est indiqué par le *Rituel*, dans le seul but d'étourdir le peuple par le luxe des décors, la puissance des images, et la mise en jeu de tous les ressorts matériels qui peuvent hâter les effets de la persuasion. Cette intention de leur part se manifeste encore avec plus d'évidence dans le choix qu'ils ont fait des airs de cantiques ; aux modes de chant si simples et si religieux, ils substituent aujourd'hui des airs profanes et révolutionnaires ; c'est ainsi qu'un chef de mission, passant en Languedoc, et entendant chanter la romance pastorale l'*Agnel que m'as bâilla*, fut si charmé de sa mélodie langoureuse, qu'il composa sur le même rhytme le cantique dont voici le début.

> Hélas !
> Quelle douleur
> Remplit mon cœur,
> Fait couler mes larmes !
> Hélas !
> Quelle douleur
> Remplit mon cœur
> Fait couler mes pleurs !

C'est ainsi que les poëtes de la société ont composé un autre cantique sur l'air de Gulnare, *rien, tendre amour !* et sur l'air *de la marche des gardes françaises*, si rebattu au Vaudeville, un autre cantique qui commence ainsi :

> Quand l'eau sainte du baptême
> Coula sur nos fronts naissants.

Enfin un vieux Jésuite de la révolution, qui avait été témoin de l'effet que produisait sur une multitude l'air *du chant de départ*, *la république nous appelle*, calqua sur ce rhytme en substituant *religion* à *république* et *chrétien* à *français*, un hymne de mission, imprimé dans le recueil et chanté dans toutes les villes du Midi : nous avons vu, nous, dans plusieurs de ces villes des processions d'hommes et de femmes chantant en chœur :

> La Religion nous appelle,
> Sachons vaincre, sachons mourir :
> Tout chrétien doit vivre pour elle,
> Pour elle un chrétien doit périr.

Que ces perturbateurs du repos de notre église viennent ensuite nous accuser d'attaquer les apôtres de la religion ! Les apôtres de la religion sont les pasteurs qui vivent au milieu de leurs ouailles, et non ces fanatiques nomades qui colportent d'autel en autel leurs comptoirs et leur sacrilége industrie.

18 Pour éviter la faim, subis le sacrement.

S'il est quelque chose qui doive exciter dans tous les cœurs vraiment religieux, une sainte indignation contre les

Jésuites, c'est cette profanation du plus sacré des mystères : on sait, et l'histoire est là pour le prouver, que les jésuites ont souvent, pour parvenir à de coupables fins, commis, en divers genres, d'épouvantables sacriléges.

19 « Fuis comme des lépreux les *excommuniés*....

Dans le catéchisme des frères ignorantins, imprimé à Lyon chez Mistral, on trouve ce supplément aux 6 commandemens de l'église.

> Payant les dîmes justement,
> Les excommuniés tu fuiras,
> Les dénoncés expressément, etc.

20 Fidèles à l'esprit des anciens Cordicoles.

Les Jésuites cherchèrent à s'insinuer en France, et à y reprendre racine en renonçant à leur nom abhorré, et se cachant en 1775, sous celui de *Cordicole*, ou du *Sacré-Cœur de Jésus*, et en 1777, sous celui de *frères de la croix*.

DULAURE.

21 Le mémorable édit d'un prince assassiné.

Quelque temps après l'assassinat de Louis XV par Damiens, par arrêt du 6 août 1762, le parlement déclara la société des Jésuites dissoute, fit défense à ses anciens membres d'en porter l'habit, de vivre sous l'obéissance de leur général et autres supérieurs, d'entretenir aucune correspondance avec eux; leur ordonna de vider les maisons qu'ils occupaient, leur défendit de vivre en communauté; les déclara incapables de posséder aucun bénéfice, d'exercer aucun emploi ecclésiastique ou municipal, s'ils ne se soumettaient au serment prescrit par ledit arrêt.

(*Histoire de Paris.*)

22 Le pilote, cinglant vers le cap des tempêtes.

Tous les navigateurs parlent de ces terribles ouragans qui éclatent aux approches du cap de Bonne Espérance, autrefois appelé *cap Terrible*, des *Tourmentes* ou des *Tempêtes*. On sait que ces ouragans s'annoncent ordinairement par un point noir, presque imperceptible, sur un horizon tout d'azur; ce point paraît fixé sur les hautes montagnes qui terminent la pointe méridionale de l'Afrique.

Nos écrivains les plus dévoués à la morale religieuse et à la cause des libertés publiques ont signalé l'invasion jésuitique dès que les premiers symptômes s'en sont manifestés en France. Leurs sages prédictions n'ont d'abord rencontré qu'une majorité incrédule. Parmi ces écrivains courageux, qui, sentinelles vigilantes, ont jeté le premier cri d'alarme, il est juste de citer le vénérable M. Lanjuinais; l'infortuné Paul Courier; M. Alexis Dumesnil, citoyen d'élite, et excellent écrivain; M. Cauchois Lemaire, qui allie l'esprit le plus fin à l'érudition la plus profonde; l'honorable M. Gilbert des Voisins, etc., etc.

Dans nos provinces méridionales, foyer du jésuitisme, les journaux indépendans sonnèrent l'alarme en 1819, époque du débordement des jésuites missionnaires. On sait avec quelle courageuse énergie M. Alphonse Rabbe les attaqua à Marseille dans *le Phocéen*; à Grenoble, M. l'avocat Laurent les combattit avec un zèle égal, dans le journal libre de l'*Isère*. Les pères de la foi trouvèrent encore des adversaires redoutables à Bordeaux, dans *la tribune de la Gironde*, et en Auvergne, dans les journaux constitutionnels de Clermont et du Puy.

Aujourd'hui que les doctrines jésuitiques sont ouvertement professées, et que les *pères de la Foi* s'avouent hautement jésuites, tout ce que la France compte d'hommes et d'écrivains généreux s'élève contr'eux; indépendamment des nombreux ouvrages qui se publient, une lutte journalière est engagée contre le jésuitisme dans les meilleurs journaux de l'opposition constitutionnelle; cette lutte est soutenue par nos écrivains les plus distingués : si leurs efforts n'étaient pas, dans la suite, couronnés par le succès, il faudrait désespérer dans ce monde, du triomphe de la justice et de la raison.

23 C'est lui qui, le premier, nous montra les jésuites.....

L'illustre général Foy, dans son discours sur la loi repressive des délits de la presse, s'exprimait ainsi :

« Les Jésuites se rétablissent tous les jours en France, non
» pas d'une manière apparente, mais sourdement; ils enva-

» hissent tout; ils répandent partout leurs funestes princi-
» pes, leurs ambitieuses prétentions; les missionnaires cou-
» rent la France, sans être autorisés, en contravention à la
» loi qui veut que le culte ne s'exerce, dans chaque paroisse,
» que sous la direction des curés. »

FIN.

www.ingramcontent.com/pod-product-compliance
Lightning Source LLC
LaVergne TN
LVHW022208080426
835511LV00008B/1634